SHOA AGUS DÁNTA EILE

Peannlíníocht den Údar le Wendy Shea

SHOA
agus dánta eile

Máire Mhac an tSaoi

SÁIRSÉAL · Ó MARCAIGH
Baile Átha Cliath

SHOA agus dánta eile
Arna fhoilsiú den chéad uair 1999

ISBN 0-86289-075-6
10 9 8 7 6 5 4 3 2 1

Dearadh: Caoimhín Ó Marcaigh
Clóchur: Gaelchló
Clúdach: Caoimhín Ó Marcaigh
Arna chlóbhualadh i bPoblacht na hÉireann ag Criterion Tta

SÁIRSÉAL · Ó MARCAIGH Tta
13 Bóthar Chríoch Mhór,
Baile Átha Cliath 11.

Do m'athair agus do mo mháthair

CLÁR

Rabhcán an Éadóchais

Fallaing ar fhallaing, sí an fhallaing dhubh,
 chiardhubh í,
Fallaing ar fhallaing a d'fholaigh mo chuimhne orm;
Fothram is rothlam an tsrotha 'gabháil timpeall, sin
Cuisle na fola do bhalbhaigh i m'intinn mé—
Is iombó!

Leimhe na leimhe é aon chaitheamh 'na dhiaidh
 agam:
Solas trén modarchioth dorcha, éaguíosach so,
Foras go sroichfinn fén dtorann allaíre is
Liobar go mborrfadh 'na dhuine arís thar n-ais—
Is iombó!

Iób ar a bhuaile ag tochas na ngearb dó
Aithne cheannaigh ar chlaimhe 's ar screamhacha;
Eiseamláir bhíobalda á thagairt in aisce dhom,
Anam ní bhíogann ó sheanchas staire ionam—
Is iombó!

Conas go mbraithim é? Cén fáth go n-insim é?
Cé thugann cluas don scéal? Cé hé gur suim leis é?
Fé mar go mbainfí an ceann den sicín amuigh,
Leanaim dem' reathaibh gan smaoineamh ná
 intilíocht!
Is iombó!

Maireann an tSeanmhuintir

Thaithin leo an t-éadan ard ar mhnaoi—
Faisean an ghlibe ar bhaineannach ní bhfuair cion—
Agus scaradh leathan na súl
Agus an séanas mealltach chun tosaigh sa chár
 gléigeal:
Canóin na háilleachta 'ceapadh roimh theacht do
 Chríost . . .
Agus shamhlaíos dom féin go mbreacfainn a
 dtuairisc,
Mar, nuair nach ann dár nglúin-ne,
Cé bhlaisfidh a séimhe siúd ' bhéascna?

Tharla mé ag múineadh scoile thiar ag an am san,
Agus ansan ar an mbinse leanbh mar lile:
Coimheascar na rós ar a leacain
Is a cúl dob' órbhuí,
Gorm a rosca agus mall,
Caoincheart a braoithe,
Agus a béilin úr mar shú na gcraobh insa
 Mheitheamh.
Aon bhliain déag do chláraigh
Is splanc ní raibh ina cloigeann,
Ná í in aon chor 'na thinneas,
Ba leor bheith ann is bheith amhlaidh.

Tháinig an focal ' bé ' i dtreis le linn teagaisc;
'Sin focal ná beidh agaibh,' do ráidh an mháistreás
 leo.
Phreab an lámh bheag in airde:
'Thá sé agamsa' . . .

Íoróin throm an mhúinteora scaoileas den éill léi:
'Inis más ea don rang é, a Treas, a' stór do chuid
eolais.'
Dána is teann as a gleoiteacht do raid sí an freagra:
'Bean gan aon éadach uirthi!'. . .
Do gháir Eoghan Rua.

Briocht: Cathal Ó Searcaigh i gCorcaigh

Fáilte romhat aduaidh, a cheolghob,
Bláthaíonn an binse féd láimh,
Is anuas den bhfalla cromann mileanna dearga;
Deineann den halla an choill
Ina músclaíonn an maoilín,
An eilit ghlégheal—
Criostal iad mogaill na súl
Is a crúba den airgead—
Airíonn sí adharca na bhFiann,
Is de léim, í 'nár measc:
Eilit gheal na filíochta
Ar tinneall le beatha,
Is gur tuigeadh a *breed* 'bheith i ndísc—
Mo shéod thú! a Chathail,
Téagar na bhfann agus sult na ndearól,
I do dheasláimh beangán den gcaorthainn,
Ar sileadh le cloigíní óir!

Slán le Scéimh

Do Neasa Doran R.I.P.

Ní har mhná malla amháin
A thuirlingíonn fábhar an Tiarna;
Éimhear, Aintíoné,
Níor thuill ar lagáiseacht a nglóire.

Sceineann áilleacht na mban mar splanc
Ó dheasóig an Té is aoirde,
Féinleor agus féinghabhálach,
Teastas an Dé
Ar dholéiteacht a phróiseas—

A Neasa,
D'adhain os cionn linnte an dána
Mar bhárc Chleopeáitre san Éigipt,
Ba tú ár réalt eireabaill,
Ár laom ón ré órga;

Múchann,
'S is clos dúinn sa tsiosarnach
Éag scéite ár n-óige.

Freagra ar Dhiarmuid Ó Gráinne ar son na Foirne Cábóg

'Cuimhin liom iadsan a chaith cábóga hata,
Suaimhneas dá n-anama!
Treibh dhea-iompartha nár shantaigh aithne,
Fén bhfód le fada 'nois.

Fios a mbéas agus greim na beatha
Leo ba leor;
B'fhéidir fós, díon ar an dtarcaisne,
Seifteom san dóibh!

Tuig nach é an báiréad an duine
Ná an t-éadach;
Ó Bruadair, Ó Raithille ar an meitheal,
Eoghan Rua tréitheach . . .

A Chathaoir Mhic Cába, chughat arís iad!
Máistrí na scige,
Traidisiún fada, neamh-maith na muintire
'Thug gráin don bhfile.

'Shiobhán, a chailín, craith díot suas é,
An t-asachán* so,
'Foireann chábóg', nach teideal uaisleachta
Is tusa páirteach?

* An t-achasán

A Chadhnaigh na n-árann, a Joe, bí sásta,
A Dhonncha álainn,
'Fhathaigh, a 'Mháire', crann bagair ár n-áirimh,
Cúb fút do gháire.

Fada 'cábóga' á thabhairt ag lóistí
Ar na scoláirí,
Roimis an mbaisteadh fáiltigh le mórtas,
Is maith an dáimh í.

Miotas

Fé dhíon an tí seo
Tá cónaí ar na déithe:
Kore agus Dionysos;
Fíniúin sna locaí ag eisean,
Ise is a haprún lán 'bhláthanna.
Sna seanascéalta
A leithéid seo de theaghlach
Ba rogha leo:
Seanalánúin,
Two grey and aged snakes
That once were Cadmus
and Harmonia . . .
Tógfaidh sé tamall uaim
Dul i gcraiceann na mionphearsan,
Mise, a shantaigh riamh lár stáitse . . .
Sna seanascéalta
Chuaigh an seantán tré thine;
Fuairthears* ann
Luaithreach na gcnámh.

* Fuairtheas

Séire

Inniu cheannaíos biolar sa *supermarket,*
Agus, anocht,
Nuair a chuirfead
An chos chaoirfheolach ar bord
Beidh biolar mar anlann léi—
Fé mar bhí 'ges* na Fianna,
Ages na seanaGhaeil—
Beidh sé 'na shácraimint . . .

Is cuimhin liom a bheith
Ag bailiú biolrach
In abhainn na Ceathrún,
Thuas ó Bhéal Átha—
Dá gcuirfeá ribe róin fén eas ann,
Dhéanfadh eascú dhe—
Anois tá Ionad Pobail ann
Agus loc do ghluaisteáin.

* ag

Do Mháiréad C.

A chomrádaí na n-árann,
Do thugas-sa grá dhuit
In aois an pháiste;

In am an bhráca
Thabharfainn mo dhá láimh uaim
Ach do chás a tharrtháil;

Faraor, níl aged' chairde
Ach fulag* i bpáirt leat
Agus éamh ar an Ard-Mhac . . .

Más ea, deánfaidh Seisean
        An trócaire a thál ort
        Agus na grásta,

Mar gur tú an leanbh álainn
A chruthaigh Sé in áthas
Agus a cheannaigh i gcrann na páise,

Agus ní scaoilfidh Sé tú i bhásta—
Amen.

* fulaingt

Neamhscéal

D'éirigh sí maidin áirithe
Is d'fhéach ar a raibh sa chistin,
D'aithin sí an teaghlach deoranta;
'Níl gnó agam anso a thuilleadh—

'Níl,' ar sí, 'insa tigh seo
Ruainne dár chuaigh romham ná d'imigh;
Ná bíom* feasta le geocaíocht,
Níl gnó anso a thuilleadh linne—

'Aithne an duine aonair
Air féin, ní fireann ná baineann;
Ní hathair é ná máthair clainne,
Ní céile, ní cumhal ná buime—

'Ar nós na maighdine mara
Tá ár n-aimsear comhlíonta;
Chughaibh mé, a bhóithre Éireann!
Chughat mé, a shruth na díleann!'

Tuigeadh di ansan ná fuair sí
Tuistiún rua 'na póca;
Gan airgead bus ná traenach
Ní hinéalaithe sa ló so—

Thriomaigh sí an t-uisce súl,
Ghiortáil sí an práiscín uimpe,
Scaoil sí an sconna san iomar
Ar na háraistí 'bhí gan nighe ann.

* Ná bímis

Hommage à García Lorca— Provence 1989

Shantaigh sé Críost—
    Ach Críost na nÉigipteach,
    Máistear Shorcha;

Tháinig sise thar toinn
    De dhroim na fallainge
    A leath ar an uisce
    An tionlacan Máire
    Ag teicheadh dhóibh ó fhód na Croise;

Gur tharraing a ndídean
    I mbéal na Róine,
    Mar ar tiomnaíodh dóibh aireagal
    Ag Saintes Maries de la Mer—

Scanraigh sé
    Ó chruáil ileolach an Athar,
    Ó ghéibheann na n-aimsear:
    A bhfuil romhainn
    Is ar imigh,
    Agus ón gcruachás láithreach
    Atá gan fuascailt—

Ba ghean leis an eagna
    Gan léamh ná scríobh
    Lonnaithe cianta
    In intinn an phobail,
    Uabhar an duine uasail
    Fé bhalcais an bhacaigh

Agus paisean na staile
Agus an croí baineann—

Cloisim sa luifearnach
An dreoilín teaspaigh,
Agus coipeann an brothall
I gcoim na maidine;
Tá leabhar do bheatha ar mo ghlúine,
A Gharcía Lorca,
In' athnuachaint aithne
Ar na tíortha ó dheas uainn.

Cearca

I

Is cuimhin liom beinn dá gúna
Idir mé agus na cearca:
Triantán dorcha éadaigh
Mar a bheadh seol naomhóige,
Agus an pointe socair sa chosmas
Gur mise é
Ag gliúcaíl dá dhroim
Im portán sceimhlithe.

Ní bhíonn an *breed* sin de chearca ruadhearga
Acu a thuilleadh:
Cearca chomh mór le muca,
Caora tine acu in áit na súl,
Goib chorránacha, neamhthruamhéileacha
orthu,
Agus camachrúba fúthu,
Innealta chun mé 'stolladh—
Ní fheicim timpeall iad níos mó.

Bhí buataisí leis sa phictiúir
Agus aprún garbh,
Ach caithim ailtireacht a dh'imirt orthusan
Ar bhonn prionsabail,
Ní ritheann siad chugham
Dá ndeoin—
'Ní cuimhin leat,' deir daoine, 'do
sheanamháthair.'
Is cuimhin, ón gcromán anuas.

II

I Saloinice, ina dhíbeartach,
Saolaíodh an garsúinín;
Banfhlaith de phór *Tatarin*
Ba mháthair dó:
Bean choinleachta[1] 'b ea í tráth
I gcomplacht an *Tsarina,*
I gcúirt na m*buibhsíe liúidí*[2],
I gcúirt na réamhdhaoine.

Throid ' athair le Deniken san Úcráin,
Lean teideal captaein dó;
Críocha Gréag níor oir dó
Mar altram don aoinghin:
Lofacht is stair na Meánmhara bréine
Mhúch air an t-aer ann;
Tháinig 'na 'reachtaire cearc' go Cuileann,
Cuileann an fhuachta, *Cold Collon,* in
Éirinn.

'Does nobody here speak Greek?'
Ars' an leanbh,
I mBéarla crochta na n-uasal
Dár díobh é,
Ach lonnaigh 'na dhiaidh sin go sásta ar an
bhfód,
Is, nuair a théadh dian air
Searmanas nósmhar an teaghlaigh,
Dhein sé a ghearán leis na cearca!

[1] Bean choimhdeachta
[2] Na ndaoine a bhí (rúisis)

Fiabhras a d'ídigh é
        Fiabhras díobh siúd
Ba bhreith báis ar óige
        Roimh *phenicillin;*
Oidhre na machairí résteipe anoir
        Síneadh i reilig os Bóinn
Eaglais na hÉireann níor cheadaigh
        Cros an phápaire ar an uaigh.

III

Ní maith liom cearca—
        Bíonn boladh uathu 'gus bús acu—
Ach is maith liom an dá scéilín sin,
        Agus is ar chearca a bhraitheann siad.

I nDilchuimhne . . .

Focal Gaolainne níor labhradh os do chionn,
  a ríbhean,
Poblacht na Gaolainne chuaigh in úir leat gan aithne
  ó ao'ine—
A Raisín, a bhláth na gcraobh, a chara na n-árann,
Cár ghaibh ár n-óige? Nó an beo dúinn
Id' dheabhaidh in aon chor?

Agallamh ó Mharaíbh[1]

'Cá bhfuil mo dhán uait, a bhean?'
Ar seisean,
Am mharbh na hoíche,
Im chluais.

'Díol an deachú atá dlite,
A bhean,'
Ar seisean,
'*To you* uaim!'[2]

'Nílim sa mhaith cheart chuige,
A Mháirtín,'
A deirimse
Fé iomad cumha.

'Ná rabhair choíche!
Ná in aon mhaith eile, mhuis!'
Ar seisean,
'Suarach is fiú!'

'Ní marbhna do dhiongbhála é,
A Mháirtín,'
A deirimse
Agus deoir lem' shúil.

'Sop in áit na scuaibe, a bhean,
Is leor,'
Ar seisean,
'Déanfaidh sé cúis.'

[1] ó Mhairbh
[2] Chughat uaim!

Máire ag Caoineadh Mháirtín

Searbh an deireadh ré, a Mháirtín,
Direánach Mór an tSrutháin,
Muna mbeadh gur chailleas an cheird
Bheadh bean do chaointe ann.

'Whoring after strange gods' a chuamar,
Dual don óige an fán,
Ach dá ghlaise cian, is treise dúchas,
Filleann an tonn ar an dtráigh.

Giorranáil ar ár mbrón, a Mháirtín,
Fada uainn an *long note,*
Ath-thuireamh ní dán d'Ó Mórna,
Ollamh a chumtha fén bhfód.

Trumpa gan teanga an Ghaolainn,
Folamh gan faraire an geata,
Gan *Who goes there?* ann is baol dúinn,
Sciúch an tslánaithe i dtalamh.

Maith dhúinn ár ngorta, a Mháirtín,
' Thál orainn fuil do chroí,
Mhaithis riamh don aithis don éagan,
Maith dhúinn ár gcionta arís.

I Leith na Ruaidhe

Rabharta rua na hInide,
Roide i mbéal na trá,
Is an buinne fola fé m'easna
Nach móide dhó aon lán . . .

Rua fós an luifearnach
I mboireann an gharraí,
Rua liom teacht an Earraigh,
Rua níochán do-ním . . .

Rua ceannacha an Mhárta,
Rua Carghas i m' dháil,
Aiséirí rua is Aifreann
Is éadach rua um Cháisc . . .

Rua barr críon an gheitire
An uile thráth den mbliain
Is déanfaidh caipín cogaidh
Don Dall a sháigh taobh Chríost.

Clerihew 'tháinig go hÉirinn

I Áitreabh

Tá cóngas cleamhnais
Idir mé féin agus Madame Bovary;
A bhuí le Dia go gcónaíonn sí
Ar an dtaobh eile 'chathair!

II Ceiliúradh

Fleasca géag im thimpeall—
Seaimpéin—
Na súile is ansa liom ar domhan:
Sé súil!

III Miotas

Phaedra is mac na céadmhná:
Ábhar ceataí ann—
Coinníonn a chúram i gcéin é;
Más grá, is grá éamaise!

Wie ein Baum . . .

Wie ein Baum an der Limonenküste
trugst du deine kleinen leichten Brüste . . .
(Rainer Maria Rilke)

Do Mháiréad

Ag dul fé dhom i *slughole* na hainnise,
Don treas uair,
Chím uaim crann pailme
Thaibhsigh ar an mbruach,

Gas íonchaol ardghlaise
'Thuirling mar a dhéanfadh éan
Teochreasach, rúnchoimeádta,
Gan iúl ar léan . . .

Cé nach domhsa is dán do scáth,
Téir slán, a chrainn;
Ón domhan so tá á bhá
Taisigh* do scéala i dtír.

* Taisc

Shoa

Ar fheiscint dhealbh chuimhneacháin íobairt na tine i Vienna dhom — Samhain 1988

An seanóir Giúdach ar a cheithre cnámha,
Ualach sneachta ar a ghuailne,
Cianta an rogha ina ghnúis—
'Mar seo,' a deir an t-íomhá miotail,
'Do sciúr mo chine leacacha na sráide'
I *Wien* na hOstaire, leathchéad bliain ó shoin—
É sin agus ar lean é—
Ní náire feacadh i láthair Dé . . .

Ach sibhse, na meacain scoiltithe,
Bhur gcoilgsheasamh ar bhur 'gcuaillí arda',[1]
Níl agaibh teicheadh ón aithis:
Ársa na mBeann crapadh go hísle glún,
Beatha na n-éag[2] insa láib,
An Bhrúid ar a bhonnaibh!

[1] Frásaí as 'Chaoineadh na Maighdine' iad seo.

[2] An bheatha shíoraí.

'Fuair sí cuireadh na Nollag . . .'

Do Nóra, d'éag 18 Nollaig 1989

Connlaigh fé iamh an teampaill ó ghoimh na
haimsire
Agus ón éagumas cosanta—
Bás mná óige is taoscadh ar chuisle treibhe—
Cúb chughat féin le náire go bhfuil ag baile romhat
Do rós na ngarraithe, t'iníon, an cailín álainn,
Agus an lánú chomharsanta, ar sheomra folamh
Fillfidh, is ar aithleabaidh—
A n-eilit léimte!

An tAltram Allúrach

Criosantamam ciar fén mbáistigh mothal a chinn,
Beola ciosiontaithe*, Eros nó Tutankhamun,
Aghaidh fidil órga a ghnúis, thar ghaineamhshleas
  tháinig,
Oíche loigeacha na súl, péarlaí a charball,
'Gus mise an chearc ar gor ar ál anaithnid.

* Ciumhais iontaithe.

Léargas

Do rinncis sarar shiúlais,
In aois do dheich mí,
Agus do rinnc croí do mháthar—
Ansan insa chistin nuamhaisithe,
Ar leacacha liatha is gorma,
Faunus ag rince.

Tormas na Mná Óige

Do Chriostal, i gcuimhne ar Bhárbara

Ag baile tá mo mhuintir faoi ghairdeachas
Toisc mise ' bheith ag iompar clainne . . .
Gabhaim cois na trá, tromchúiseach,
Faoi ghearrachaile ' théadh ag snámh ann,
Ag rás di chomh héadrom, éadrom,
Chomh slán san, chomh híon, chomh hálainn;
Caoinim mo chabhail aineolach,
Mo gháire ar nós an linbh,
Caoinim ise ba mise . . .
Is cromaim arís fén ualach
Ná feadar an gcuirfead díom—
Ó! táim ró-óg chuige—
Tá foghlaim fós uaim.

Fód an Imris: Ard-Oifig an Phoist, 1986.

Anso, an ea, 'athair, a thosnaigh sé?
Gur dhein stróinséirí dínn dá chéile?
Anso, an ea?

Fastaím a shílis riamh dár mórchuid cainte—
Fiú nuair 'aontaíomar leat:

Oidhrí ar eachtra nár aithin bolaith an phúdair
Ná na heagla,
Nár chaith riamh ruchar[1] feirge
Is is lú ná san
A sheas . . .

D'éalaíomar uait thar Pháil na Gaolainne
isteach;
B'shin *terre guerre* ba linn fhéin,
Is chuaigh de mhianach an Olltaigh[2]
Ionatsa
Ár lorg a rianadh,
Ár dtabhairt chun tíríochais—
Civilitie Spenser
D'oibrigh ortsa a chluain.

[1] urchar
[2] Ultaigh

Leanamarna treabhchas na máthar:
*Kranz** barrghaoitheach na Mumhan;
Ba tusa an seanabhroc stóinsithe,
Sceamhaíl ort ag paca spáinnéar.

Le haois ghnáthaíomar a chéile thar n-ais;
D'fhoghlaimis carthain,
Ach b'éigean fós siúl go haireach;
Do mheabhair agus th'acfainn chirt
Níor thaithigh cúl scéithe;
Comhaos mé féin is an stát,
Is níor chun do thola do cheachtar.

Óigfhear in easnamh, anaithnid, thú, 'athair,
San áit seo—
Ceileann neamart is tuathal an eochair ar
m'intinn—
Ach an seanóir a charas le grá duaisiúil,
Cloisim a thuin aduaidh:
An cuimhin leat an t-aitheasc a thugais
Nuair ná raibh faiseanta fós?
Mar seo do ráidhis é:
I see no cause for rejoicing
That Irishmen once again
Are killing other Irishmen
On the streets of Belfast!

* Geáitsí

Máthair na Céadghine

Cuireann an bhunóc ar an gcín
Agus cuireann í féin i leataoibh;

Sleamhnaíonn, fé mar ' shleamhnaíonn
An fhallaing dá gualainn síos,
Na cianta cairbreacha siar . . .

Rángaíonn* ré órga arís,
An bhuime dheoil 's an naí,
An bheirt ina haon mar bhí
Ó thús, mar a bheidh de shíor.

Cuireann í féin i leataoibh
Is de chomhartha láimhe foilsíonn
Mistéir agus timpeall na mblian;

Éagosaint a pearsan treisíonn
Ar dhiamhair a scéimhe—Samhlaím
Le ráiteas sa tsoíscéal í—

Líonann mo shúile, is airím
Fírinne an fhocail ghroí:
'An té ghéilleas a bheatha, slánaíonn!'

*Ráiníonn

Adhlacadh Iníon an Fhile

Comhthalán daoine críonna!
Léithe in aimhréití ar bhaitheas!
Droinn agus dathacha! Maoile!
Roic agus múchadh súl!
Scáil a n-óige ó aithne—
Foghlaim na dáimhe seo an bás.

Ach aige* bun altórach
San áit ar leagadh an chomhra
Tithe gloine an bhróin!
Raidhse dhathanna an Earraigh!
Gorm, buí agus rós!

Ta na driféaracha ag gol—
Éamh mar mheanaithe i gcroí—
Ach ins na fraitheacha in airde
Cloisim cloigín a' gáire
Airgeadtha agus álainn.

Baineann seanaois le coiteann;
Roghnaigh sise a mhalairt.

*ag

Tuar

Tíoránach na Gréige, nó Damer,
Chaith sé an fáinne i bhfarraige—
'Go leana an donas é!'
D'éirigh aníos an breac
Agus an fáinne 'na bhéal;
D'aithin an saibhir an comhartha.

An fáinne beag ar mo lúidín,
Agus cloch bhua mo shaolaithe ann,
Cheannaíos é dom féin
Mar ná géilleann mo chéile i bhfáinní—
An ceart aige, b'fhéidir—
Óir anois tá ceiliúrtha.

Fáinne beag mar a bhronnfá
Ar ghearrchaile lá céad chomaoine
Agus ise 'na gile—
'Mhuise, fáinne óir uirthi!'
'Nár á coiriú é!'
I bhfad uainn an seanabhlas!

An ag rangú éadaigh a bhíos
Roimh níochán, nuair a d'imigh?
Le sobal na n-áraistí, b'ea?
Nó ag baint díom mitíní?
Nuair a thiormaíos mo lámha?
'On diabhal mé, má feadar.

Ach anois mé i ngalar na gcás
Ag gol mh'áilleagáinín:
Nár lige Naomh Antaine
É d'fhilleadh thar n-ais
Is drochrath á mharcaíocht
Ar nós gheocaigh ar bhairille!

Epithalamium

Do Bhríd

I

Fíniúin faoi thoradh do bhean i lár do thí,
Géaga an chrainn ola iad do chlann ag bord,
Go raibh sí maorga, cúthail agus modhúil,
Go rabhdar iomadúil—
Grásta go bhfagham* ón Tiarna!

II

Críonna mar Ríobhca, soilbhir mar Rachel,
Fadshaolach agus dílis mar bhí Sara,
Glacann sí uirthi an chuingir d'ordaigh Críost,
Nite dhi in uisce na mbriathar—
Grásta go bhfagham ón Tiarna!

III

A fheara, gráíodh cách a chéile chaoin
Mar ghránn sé a cholainn fhéin:
Athair is máthair fágadh
Chun cloí léi siúd—
Grásta go bhfagham ón Tiarna!

*go bhfaighimid

IV

Sliocht sleachta ar shliocht bhur sleachta,
Is rathóidh Dia iomadú an duine
De réir mar ' údaraigh A thoil ó thús—
Bíodh oraibh eagla Dé—
Grásta go bhfagham ón Tiarna!

V

Ní fágfar bán na seanaláithreacha,
Gáire na leanbh tógfaidh cian den sean,
Leanann suáilce fós réasún an chine,
Scaipeann na mianta baotha—
A Chríost, bí ceansa agus éist linn.

Leagan ar Sheanrá

*Fuair Bríde Ní Chíobháin, ná maireann, an rá atá i gceist
óna huncail, Séan Ó Cíobháin, saoi.*

'Sagairt is bráithre! Is d'imigh an bhairdne eatarthu!'
'Bairnigh' a bhíodh á rá coitianta agus scéalta ag tacú leis;
Ach bhí fios a mhalairt agatsa agus dúraís é;
D'éistíodar gan trasnaíl leat, ach níor atharaigh a dtuairim,
Agus bhreac an scoláire síos uathusan é, agus ní uaitse . . .

Ambaic! Ba mhaith é t'eolas;
Cruinnchomhaireamh nath ár n-aithreacha
D'áirís ó ló go ló dúinn,
Gan dóchas puinn, á n-aithris duit,
Go dtuigfí tú ar fónamh
Ná go mbeadh an scéal 'na cheart againn;
Ní rabhais i dtaoibh le dóchas
I muilte brón* na beatha crua,
A Bhríde.

Mon'bhar solamanta sodair fút,
Ar fud a' tí,
Líon de phobalghuth an t-ionad san
Ba láthair suímh
Don aspalacht a chleachtais chughainn
Is do d' bhainistí,
Agus diamhaireacht na salm san
Níor chuaigh i ndísc

*Gin. uath. den fhocal 'bró'.

Ó chaithis suas ar maidin ort
Gur shínis siar—
Níteá do chorp Dé Sathairn i gcomhair an Domhnaigh;
Bhí seál den *mohair* agat
Agus chaiteá stocaí . . .
Gabhaimse orm!

'Mo ghraidhin é an té 'tá ag titim libh,
A chipe amhas!
Ceaintíní agus crosa, mhuis,
Do bhuaidhir mo mheabhair!
Fasan[1] *amach fém' cosa uaim,*
'S ná liathaigh mo cheann,
A Diúile![2]

Fada do dhuanaireacht 'na tost,
Aidhe mo léir!
An spadhar 'na shuan, is do cholann bhocht
Ag tabhairt an fhéir;
Ach déanfair cleachta[3] dhomsa anocht
Is le fad mo ré:
Beirt bhaineannach go fileata
Ag dul 'on chré,
A n-allagar gan ainbhfios,
Is gan uamhan roimh chléir—
Dar mo leabhar breac!

[1] Fág (an áit) as san
[2] Julia
[3] Cuileachta, cuideachta

Tarlachaint

Bhí timpeall na cille á thabhairt agam,
Tré phóirsí an fhothraigh seo inchinne agam,
Cogarnaíl fheoite im' chluasa,
Siosarnach gainní[1] fúm ag gluaiseacht,
Mé ag meabhrú ar phaidrín na gcloch
Ó áirse stuaiceach go háirse
I gcoim ulaidh[2] mo phlaicide,
Nuair thaibhsigh chugham go hobann,
De léargas reatha idir mé agus léas,
An neach:
Ard, álainn, caoldubh, lúbach,
Beoldearg, aolchneas, rúnda,
Mallaithe,
Gan gnéas,
Mar a bheadh *soutane* á chaitheamh aige
Agus gothaí an rince air—
Cén fáth go gceapaim
Go bhfuil cúr lásaí agus fronsaí ceáimric
'Na gcóta cabhlach ag coipeadh
Fé iamh na n-iliomad cnaipe sin?

[1] gainimhe
[2] "A 'station' in doing rounds" (Dinneen)

Meas Madra

Mise agus an gadhar s'againne—
Gadhar baineann í—
Ar chomhchéim dúinn sa teaghlach:
Dáilimid cion . . .

Nuair ná bíonn glaoch ar chion
Tá feidhmeanna eile linn:
Gadhar faire ise;
Mise beithíoch an iompair . . .

'Is thy servant a dog?'
Arsa é siúd eile;
'Too bloody right!'
A deirimse.

Meaisín Ama

Do Ph. Ó F.

An raibh a fhios agaibh gur féidir taisteal
Céad bliain abhaile
Le CIE?

Ag Gráinseach Mhóclaeir éireoir agus deir an
tiománaí,
'Where are you going to, Missus? You're not there yet.'
'My grandfather 's buried beyond,' adéarfad;
'Missus,' le colg,
'You can't even tell me the name of this place?'
Éirím as an áiteamh.

Tuirling ag Carraig na Siúire, tá bean romhat
adéarfaidh,
'My Uncle was Michael Bowers . . .'
Mhúin seisean scríbhneoireacht do m' Uncailse;
B'é cainteoir deireanach dúchais é i Muileann na
gCloch . . .
*'We're not exactly related: my Great-aunt stood for your
mother.*
You'll be going to Nine-mile-house? . . .'

Ní cathair mar a tuairisc í an Charraig;
Cár ghabh an ghalántacht mhór?
'Not made; 't was bought in Carrick . . .'
'Carrick and the black sky over it!'
Agus báisteach ag tórmach ó dheas,
'And sweet Kilcash . . .'

Is cuimhin liom an Charraig lá aonaigh:
Dob' fhailltreacha iad ciosaí na sráide;
Ba ghleanntán doimhin í an tsráid;
Agus toise os chionn nádúire
Do bhíodh i mbéithigh is i ndaoine.
Leibhéal na sráide ardaithe ó shoin—
'Carrick, I dread you!'

Teach na Naoi Míle 's an fháilte chineálta ó Mhary 's a céile—
A dó is a dó iad clann na beirte driféar: í féin is mo mháthair.
Is cuimhin léi mise im' bunóic, agus scríonn sí véarsaí filíochta;
Is bhíodh ana-lámh aici, cloisim, ar choite* 'oiliúint chun cúrsála . . .

Mac a driféarsan, Dick Tobin, ' thug ag triall mé ar fhearann na nGearaltach:
Baile Uí Dhúgáin sa Ghaolainn? *Balladuggan* againne á thabhairt air
Ansan, ar an seanabhaile, bhí tiarnas ag *'Boss'* FitzGerald;
Is ann a bhunaíodar thar n-ais tar éis dóibh a gcur as a seilbh.

An t-achar san ar thaobh an bhóthair dhaingeanaigh meon na muintire;
B'shin droim scartha gach uisce:
Cúl le dealús fé ndear
Mise stróinséartha ar an láthair.

*coite:cúnna

Fuar agus dorcha an tigh—agus beag;
Cá bhfuaireadar slí?
Cuid acu anois san Astráil;
Fáisceann an duairceas faoim' chroí:
'First cousins, once removed, can not be replaced!'

'Abhaile linn tré Chill Chais,' a deir Dick, 'Buaileam
bóthar';
Ní maith leis an caomhnú nua atá acu ar an sáipéal
ann . . .
Cloistear fós tua le crann anso tréis na mblianta;
Is lasaim-se le teann náire:
Mo chéad chuaird riamh ar an bhfód so!
Anóthair*, na cianta cé, nach lá iad 'nA radharcsan?...

'An fada go Baile Átha Cliath?'
Dúch é an freagra,
'Is fada.'

*Ar ndóigh

Moment of Truth

'Bhfuil ciall in aon chor le bheith beo, a Mháire?'
Ceist orm 'gem* dheirfiúirín . . .
Ní deirfiúirín a thuilleadh anois í
Ach bean bhréa, bhláfar—
        Baintreach í agus máthair,
        Thar líne na gréine gafa—
        Ach domhsa fós an deirfiúirín . . .
Bhíodh an cheist chéanna ag ár máthair,
Bean ba gheanúla is ba thréithí
        Dá dtáinig—
        Is ar a shon san . . .
Agus an bhean úd Gaeltachta,
A mhúin dom bean seach bainirseach—
        'An ann do Dhia, a Mháire?'
        A deireadh . . .
Am briathar féin ná feadar
Ach nach mór dom creideamh na gcomharsan
Mar mhapa chun go mbreacfainn marc air
        Agus an marc a bheith 'na chloch
            thagartha . . .
'Bhfuil mo mheabhair ag teip, a Mháire?'
Má tá, ní galar aoinne amháin é.

*ag mo

Cú Chulainn Suaimhnithe

Ó Bhéarla Yeats

Gonta go héag sé huaire dhó, do ghluais
An fear glóirmhianach, tréan ar fhód na marbh;
Nocht súile ar ghéaga chuige is cheiliúir.

Buíon amhailt, i gcogar faoi aisléinteacha,
Chruinnigh 's cheiliúir. Chuir sé a chúl le crann
I leith 's gur mhachnaigh sé ar fhuil 's ar lot.

Ceann feadhna ar lucht na héanchosúlachta
Dhealraigh is leag ar talamh ualach sadhpras[1].
Chaolaigh fo-amhailt an treo 'na mbeirt 'sna
dtriúr

Ón uair gur fhan an curadh gan corraí.
Fear iompair an línéadaigh 'labhair is dúirt:
'Ba mhilsede go mór do shaol anso

'Aisléine a réiteach ar ár seanarát;
De chionn an eolais is linn féin amháin
Scanraímid ó ghleithreán na n-arm san.

'Bealach an tointe i gcró na snáthaide
Comhchúram dúinn gach n-aon.' Do rug an
fear
Ar bhanla[2] 'riúnach lámh leis d'fhonn fuála.

[1] sadhpras: cyprus: línéadach
[2] banla: banlámh

'Canadh anois a bhféadann scol amhrán,
Ach tuig ar dtúis uainn suim ár gcomharthaí
sóirt:
Díbeartaigh mheata sinn faoi bhreith ár gcine,

'Is cladhairí tréigthe, tiomanta 'on mbás faoi
uamhan!'
Comhcheol do thógadar nár cheol an duine é,
Cé gurbh i gcomhar le chéile dhóibh á
ghabháil—

Dá bpíobáin dhaonna rinne sciúch na n-éan.

Leda agus an tEala

Ó Bhéarla Yeats

An tuirling obann: lascadh ollsciathán
Scanraigh is bhain dá cosaint an cailín;
Baic a muiníl 'na ghob, ciarchrúba cláir
Mhuirnigh a más is theann í cliabh ar chliabh—
Is téann de chrích chritheaglach na meor
An ghlóir' eiteogach a shárú sa ghabhal
Tá leachta feasta; buille an chroí mar ord
Ruaigeann sa tsruthlam gile fána cabhail . . .

Creathán na bléine thionscain teacht chun saoil
Don mbréits sa bhfalla, leag ar lár an túr
Is dhírigh Agamemnon chun a bháis
Gafa dhi faoi mháistríocht bhorb san an aeir
Ar choimsigh sí fios feasa seachas cumhacht
Roimh scor don éan, neamhchúramach, dá ráig?

Sean-ghrianghraf de Bheirt Ghearrchaile

An dá aghaidh bheaga, rúnda, gheala ag féachaint
 aníos orm,
Mar a bheadh samhraicíní* fé chab lice sa tsneachta;
Mé gafa i mistéir lán na pearsantachta;
An deorantaí dhom anois iad, fásta 'na máithreacha
 áil,
Ná mar 'bhíodar an lá san, nuair 'chonac den gcéad
 uair iad?

*samhair cíní

In Memoriam Kate Cruise O'Brien, 1948-1998

'A Creature of Extremes . . .'
I ndilchuimhne ar Kate.

Do luaisc sí riamh ó rabharta go mallabhra,
Níorbh' aithnid di leath-thaoide . . .
Ceileatram uirthi an Ghaolainn—
Ach dá labhróinn as Béarla,
Ní sheasódh an croí.

Caoineann a cairde raidhse a hábaltachta
Agus a féile;
Caoineann a fear beanchéile thaodach, chaoin,
An mac a mháthair . . .
Ach a máthair sise?
Agus a hathair?
Cé léifidh a ndólás?

Bearna san ál—
Na gearrcaigh eile cloíte—
Cúlaím uaidh sin . . .
Cuimhneoidh mé ar an ngearrchaile gleoite—
Fé mar a gháir sí!
Sarar luigh ualach a buanna
Anuas ar a guailne.

Dilchuimhne agus Buíochas

Do Phádraig de Brún agus do Chiarán Ó Coigligh

Go barra-thuisleach leanaim rian na reann;
Airím uaim ceol do ghlórtha, do theolaíocht
cleachtan*.
Ní fiú mé aithne an Chruthaitheora;
I dtaoibh dom fós le cuimhne A chréatúra.

'Oide mo mhúinte, fé oibleagóid 'ár mbeirt dúinn
Don té sin 'ghlan an tsmúit de lorg do láimhe
Is 'shaothraigh go coinníollach gort do bhréithre,
Ionnas go siúlann Dante agus Virgil
Is an stáidbhean Biatrais ar bharr na haille
I nDuibhneachaibh, is insa Ghaillimh
I hallaí an léinn, de réir do mhéine.

Ní foláir nó is toil le Dia fad saoil don nGaolainn,
Agus gur aimsigh duitse do dhíol oidhre,
Is gur fhéach san chuige nár dhíomhaoin dod'
dhúthracht:
Comaoin do chuir Ciarán ar lucht do pháirte
Agus ar shaíocht an dúchais—tuar chun séin.

*cuideachta(n)

Apotheosis

Maidean Lae Nollag
Bhí a ceann á scoltadh—
Chaith sí siar ladhar 'phiollanna.

Aifreann na Gine i leataoibh;
Prátaí agus *sprouts* glanta ó aréir;
An dinceadh* ullamh:
Ag imeacht ó phiolla go piolla dhi.

An tine lasta sa phárlús;
An bord leagtha;
Féiríní fén gcrann;
Coinneal na Nollag ar lic na fuinneoige;
Dúirt sí lena hinín,
'Cimil an t-éadach dosna gloiní
Agus sín chugham na piollanna.'

Tháinig na hamhais isteach—
'Cuir na cótaí ar an leabaidh im' sheomra
Agus cár fhágas mo phiollanna?'

Dúirt sí lena fear piúnt *stout* a chur
Ar uisce na mearóige 'bhí ag siosarnaigh
Ar an bpláta cúil;
Dúrt sí lena mac, ' Taoi óg láidir,
Fágfaidh mé fútsa an t-éan
A bhaint as an oigheann.'
Roimh shuí chun bídh dóibh
Bhuail an *coma* í.

*dingeadh, stuáil

Im' leabharsa
Chuaigh sí díreach ar neamh;
Chuir na haingil dinnéar gan dua
Ar clár chuichi;
Shuigh sí ar dheasláimh an
  tSlánaitheora—
Bhí sé chomh lách léi!
Bhí an Mhaighdean Mhuire 'na cúram;
'Ná bíodh lá buartha ort,' ar sise,
'Tá *Martha* i bhfeighil na cisteanach
Agus coinneoidh *Mary*
Comhrá le t'fhear céile—
Sea, *Mary*;
Ar ndó níl aon am sa tsíoraíocht,
Agus beidh do chlann shaolta
Aníos chughat láithreach.'

Mar sin do bhí,
Agus dúradar,
'That was smashing, Mum.'

Aerphort

Pógaim mo Phádraig
Is gach Pádraig dá dtáinig roimis
Ó tugadh im' baclainn é
In aois dó an ráithe;
Agus tá an bhunóc bheag
Chomh beo san im aigne
Gurb ait liom an lá so
Mo cheann in ucht fir—
Mé ag cur na slán leis.

Paidir d'Inín an Teangeolaí

Sa Ghaolainn is baineann don stail—
Elohim!
Baineann don uncail—
Elohim!
Iolra san Eabhrais don Dia aonair—
Elohim! Elohim!
A chumhacht 'tá os chionn ár n-áireamh,
Gaibh ar láimh mo ghreachaile*!

*mo ghearrchaile

I Leaba an Dearúid, an Tarcaisne

'Ní mhaireann cuimhne air anso,' arsa fear na
féasóige,
'Ach mar dhuine de sna boic mhóra,
Mar dhuine den lucht rachmais—'

Thusa nár fhan riamh agat
Dhá phingin rua ded' thuarastal
A chimileofá dá chéile!

Is dócha go mbíonn *begrudgers,*
Clann an doichill, clann Lóbais,
Ins gach aon pharóiste;
Is minic duine acu ina chliamhain isteach.

Fé mar chlúdaigh
Ciúbanna gránna soimint'
Na seanaláithreacha,
Fé mar tháinig screamh an Bhéarla
Ar uaisleacht na canúna,
Chuaigh insint scéil ort i ndísc, a Bhrúnaigh,
Sa cheantar a roghnaís ód' chroí—
Sin é an saol, a dhuine—
Níor bhásaís go dtí anocht.

Ach cuimhnímse ort i mbláth do mhaitheasa,
Nuair a thaibhsigh glóire na hintilíochta ó
t'éadan
Agus muintearas agus greann ód' chontanós,
Nuair gur rángaís ins an dúthaigh seo
Ar do chomh-mhaith de chomhleacaithe,
Sea, agus ar do chomh-mhaith de mháistrí—
Féach, gur 'thogair na Danair i mbrogaibh na
dáimhe isteach',

A dhream gan iúl gan aithne,
Gur náir libh bhur muintir féinig!

Tá siad san san úir anois
A dtiocfadh uathu focal do chosanta:
An cailín daortha san éagóir,
Cléireach an Teampaill seo,
An slua 'bhailíodh gach oíche chughat ar an
 gCill:
Comharsana meabhracha ba mhaith i mbád is
 ar ghort,
Nár dheoranta iad do shaíocht na cruinne,
Ach a mhúin duit conas
An tsaíocht sin a ghléasadh i gculaithirt na
 Gaolainne:
Fathaigh a dtáinig abhaigh orthu mar
 shíolbhach!

Thána anso
Le cloch a chur id' leacht,
A shagairt uasail:
Bead ag imeacht anois,
Is ní móide go deo
Go bhfillfead.
Is fearr a mhaireann tú im' chroí is im' intinn
Ná in aon leac greanta ar fhalla.
Rud gan anam an leac,
Ach is lasair bheo é an Spiorad Naomh—
Lonraíonn mar a bhfuil 'éirím
Má b'é seo tráth mo bhaile,
Táim gan baile feasta.

Deonú Dé, 1998

Táim náirithe;
I mbliain seo an uafáis
Tá Dia baoch díom.

'*Kate*, a leanbh,
Go raghad 'on úir leat
Ní scarfaidh do chuimhne liom —
Ach thugas mo chuaird ar *Woburn*
Agus ghnóthaíos duais an Oireachtais.

A chéile na n-árann,
Tuigim don gcruachás agat —
Ach tháinig trís* a' bpost chugham
Sicéad uaine,
Agus rúnaíonn sé go beacht.

A mhuintir na hÓmháighe,
Maith dhom é:
Chuireas pilibiní 'on oighean
Agus thánadar amach ar fónamh.

Tá an tig lán de ghaolta
Agus de lucht páirte;
Réitíonn siad le chéile
Agus tá a riar agam.

*tríd

D'fheabhsaigh an aimsir;
Seachadadh bachall Pharnell;
Chonac na seolchrainn arda ag cur chun farraige;
Reiceas ar aon ardán sa Daingean le *Yevtushenko* —
Ní fiú mé na maitheasaí seo —
Ach nára ceilte orm iad.

Cian á Thógaint Díom

Do mheabhair is mó anois a bhraithim uaim —
Ní cuí dhom feasta cumann rúin an tsúsa —
Cleamhnas na hintinne, ná téann i ndísc,
A d'fhág an t-éasc im' lár, an créacht ná dúnann.

An mó de bhlianaibh scartha dhúinn go beacht
Roimh lasadh im' cheann don láchtaint seo '
    taibhríodh dom?
Téann díom, ach staonfad fós den gcomhaireamh
    seasc,
Altaím an uain is ní cheistím an faoiseamh.

Mílse ár gcomhluadair ' d'fhill orm tré m' néall,
Cling do chuileachtan leanann tréis* na físe,
Do leath ár sonas tharainn mar an t-aer,
Bheith beo in éinfeacht, fiú gan cnaipe ' scaoileadh.

Do cheannfhionn dílis seirgthe i gcré
An t-éitheach; is an fíor? An aisling ghlé.

*tar éis

Clár na gCéadlínte